春秋公羊釋文

唐國子博士兼太子中允贈齊州刺史吳縣開國男陸德明撰

春秋公羊序

掾弋絹反治世直吏反之論盧困反下持論同讓嘲陟交反胡毋音無

隱括古奪反結也

春秋公羊經傳解詁佳買反下音古訓也隱公第一

何休學學者言為此經之學即注述之意

元年正月音征又音政後放此開辟婢亦反本亦作闢之稱尺證反下之稱畢稱同

徽號許韋反器械戶戒反夏以戶雅反後放此以意求之物見賢徧反下並見同之治直吏反夫不音扶而去起呂反下去同刺欲七賜反後皆同更不

音隱長丁丈反注及下皆同已冠工亂反下同適子丁歷反下同醮於子笑反

俱勝以證反又繩證反以上時掌反他皆放此扳隱普顏反又必顏反引也舊數閒反能相息亮反背正步內反下同為桓于偽反注同繆公音穆纚且俱縛反下子餘反姪娣大結反下大計反爰爭爭鬬之爭下同邾音誅婁力俱反邾人語聲後曰婁故曰邾婁禮記同左氏穀梁無婁字儀父音甫本亦作甫人名字放此于眜亡結反穀梁同左氏作蔑及暨其器反下皆同曷為如字或于偽反後皆同此褒之保刀反不見賢徧反下皆同為其于偽反注為其獨為皆同歃血所洽反又所甲反

詛命莊慮反約束並如字一音上於妙反下音戍故復扶又反下復為同王魯于況反下而王同一音如字後王魯皆放此倡始尺亮反造次七報反

其處昌慮反惡之烏路反下惡不惡其皆同大甚音泰或勑賀反近正

春秋公羊釋文

唐國子博士兼太子中允贈齊州刺史吳縣開國男陸德明撰

春秋公羊序

撥[illegible]反 治世直吏反 之論盧困反下持論同 讓嘲陟交反 胡母音無

隱括古奪反結也

春秋公羊經傳解詁隱公第一

何休學學音學者言為此經之學即注述之意也

元年正月音征又音政後放此 開辟婢亦反本亦作闢 之辯[illegible]

譏號許章反 器械戶戒反 夏以戶雅反後放此以意求之 物見賢遍反下

同並見 之治直吏反 夫不音扶 而去起呂反下同 刺欲七賜反後同更不音

音 隱長丁丈反注同 已冠古亂反下同 適子丁歷反下同 [illegible]

俱媵以證反又繩證反 以上時掌反後放此 攝隱[illegible] 能

相息亮反 背正步內反下同 為桓于偽反注同 縷公[illegible] 且

于俱反 縛 媵娣大計反下大結反 愛爭爭鬭之爭下同 邾婁音誅

同上 左氏作蔑 穀梁同 入語[illegible] 左氏穀梁無婁字後曰婁故曰 儀父音甫本亦作甫此放 于昧

及暨其器反下同 昌為于偽反注同下 之

不見賢遍反下同 為其于偽反注同下 歃血所甲反 [illegible]

詛命側慮反 約束於妙反下音如字 故復扶又反下同 王

魯 而王于況反下同 倡始昌亮反 造次七報反

其處昌慮反 惡之烏路反下同 大甚 近正附近之近

附近之近 柯之音歌 克段徒亂反 于鄢音偃 郤鍥去逆反下起悅反
忍戾力計反 讞于魚列反 宥之音又赦也 內難乃旦反下此難同 州吁
況于反 宰咺況阮反一音況元反 之賵芳仲反 稱禰乃禮反 稱妣必履反
乘馬繩證反注乘馬同 玄纁許云反 以共音恭 曰賻音附 曰襚音遂
猶遺唯季反 隱為于偽反下注為昔年未注同 告于古毒反一音古報反 歸唅
本又作含暗反下同 一使所吏反 別公彼列反 上僭子念反 而治直吏反下
皆同 所傳直專反下文所傳并注同 來被皮寄反 于宿音夙國名 者說
音悅 而逮音代又大計反 故省所景反後省文皆同 祭伯側界反五年注放此 選
舉一息憂 不肖音笑 采邑七代反 不日人實反注傳皆以月日為例後
放此 見恩賢徧反下見思治皆同 一殺所介反 麤䴵才三反又七奴反說文大也 諸

夏戶雅反凡諸夏皆放此 犢函于宜反下音咸 大平音泰 丹期音基 齊襄
音咨下七雷反本亦作齎 自盡津忍反
二年 惡其烏路反 外好呼報反 非朝直遙反凡此字不音者皆同 踰
竟音境本多作境字更不音 所傳直專反年末相傳同 莒人音舉 入向
舒亮反國名 更相音庚 報償時亮反 擅興市戰反 無駭戶楷反
貶之彼檢反損也 昉於甫往反適也 滅郜古報反 復見扶又反下不復同見音賢
徧反 當為于偽反下為後背隱同 背隱音佩 覆綸音須左氏作裂繻 遠
別彼列反 猶譴遣戰反 親迎魚敬反注及下同 先女悉薦反 妃匹
音配又芳非反 下治直吏反 未離力智反下同 將取七住反 紀子伯
左氏作子帛 遠害于萬反 將燔扶元反 胡毋音無 姒氏音似 巳

去起呂反 卑下遐嫁反
三年 殺其申志反下殺其君同 子輩許章反 諂謀勑檢反 懦弱
乃亂反又乃臥反 越紼音弗 以別彼列反下同 恩殺所界反 爲天
于爲反下故爲主爲傳所爲同 丹氏左氏作洩氏 子洲如字 劉卷音權 貶
去起呂反 見譏賢徧反下同 [illegible]七[illegible]反 覆問芳服反下[illegible] 孫順
音遂 宋繆公音穆左氏作穆凡此後放此 北背[illegible]反 [illegible]解[illegible] 綬古避反又古賣反
當時丁浪反又如字下同 與夷如字又音餘凡人名字及地名之類皆放此[illegible]假字則時復重出
愛女音汝下注同 盡終子忍反四年傳同 公馮皮冰反 生毋音無下同
傳與直專反下音與 馮弒音試注同 不爭爭鬭之爭
四年 牟婁武侯反 見疾賢徧反下未見衆同 差爲初賣反 弒

其申志反弒字從式殺字從殳不同也君父言弒積漸之名也臣子云弒卑賤之意也字多亂故時復音之可知
則不重出也 君完音丸 要之一遙反注同 慢易以䜴反 與弒音預下及
注同 說子音悅 糾辟音避 辟[illegible]本多即作[illegible]不更音 可復扶又反 本爲
于僞反下自爲[illegible]傳吾爲吾同 難乃旦反 [illegible] 解丁老反下丁幹反 古賣反又古買反
曰覩[illegible]反 于濮音卜 石碏音七略反一音七洛反 [illegible]甚初患反
五年 觀魚左氏作矢魚 浚思俊反 洙常朱反 登來依注音得登
罟音古 郜谷之尚反又音章 未解戶買反或佳買反 欲復扶又反下不得
復同 濟上子禮反注同濟水之上 入盛音成左氏作郕 將尊子匠反注及下皆同
祭如如音燕 分別彼列反 亢率所類反本又作帥 隱爲于僞反下注同
下傚戶教反 八佾音逸列也 之相息亮反注及下同 自陝失冉反何云弘農陝

縣也一云當作郟古洽反王城郟鄏 邵公上照反又作召音同 絀陟勑律反 夫樂音扶
發句之辭放此 朝廷徒佞反 好義呼報反下同 聞徵張里反 好施
式豉反 不敢爭爭鬬之爭 離也力智反下同 蔡邪似嗟反 未曾在能
反下同 淫辟匹亦反 繹縣音亦 治定直吏反 簫韶常昭反 夏曰
户雅反下同 大護户故反 伐紂直久反 螟亡丁反食苗心蟲 設苛音河 彄
辛苦侯反 始見賢遍反 疆渠羊反下同 惡其烏路反
六年 輸平式朱反隨也左氏作渝平 猶墮許規反 狐壤如丈反 見隱
賢遍反 獨惡烏路反 死難乃旦反 于艾五蓋反 編年必連反字林聲
類皆布千反一音甫連反 昊天户老反 更年音庚 暴師步卜反
七年 從適丁歷反本亦作嫡下同 賢行下孟反下異行同 以酅户圭反

號稱天證反 美惡烏路反又如字注同 所傳直專反 見其賢遍反
故復扶又反 至令力呈反 崩弛户爾反又式氏反 分別彼列反 大廟
音泰下同 其難乃旦反 惡凡烏路反
八年 要宋一遥反 為事于偽反下欲為魯為國為桓并年末注皆同 使宛
於阮反人名也一音烏卯反又烏勑反 歸邴彼命反又音丙鄭邑左氏作祊 皆從才用反 巡
守手又反本又作狩下除猶守守視以外同 絜齊側皆反本多即作齋字後放此更不音 而
共音恭下同 其費芳味反 廣四古曠反 袤四音茂 臯穀古老反
甚惡烏路反下同 背叛步內反 錄使所吏反 循行下孟反 度
量音亮 贄音至 至嵩息忠反 歸格本又作假同古百反 于禰乃禮
反本又作藝 復書扶又反下故復同 難也乃旦反一音如字注及下同 見重賢遍

反下同包來左氏作浮來高傒音兮公行户孟反死難乃旦反令
羣力呈反僅能其靳反之應應對之應
九年震電徒練反雉雊古豆反可見賢徧反雨雪于付反
俶甚尺叔反始也大甚音泰俠卒音協穀梁云所俠少略詩照反于
邴左氏作防
十年復稱扶又反又音服明爲于僞反下先爲同公敗必邁反凡臨佗曰敗
皆同此音于菅古顏反取郜古報反取闞苦暫反取漷火虢反又音郭
及沂魚依反數動所角反因見賢徧反下同易也以豉反下及注同
屬爲音燭適也入盛左氏作郕後皆放此
十一年別外彼列反見法賢徧反末注同年復出扶又反下文不復注
故復同祁黎祁音巨之反又上之反黎音力兮反又力私反左氏作時來爲弟于僞反年
末注同數行所角反之釁許靳反弒也申志反注及下並同冠氏古亂反下
同僵尸居良反之處昌慮反去丘起呂反

桓公第二　何休學

元年繼弒申志反注皆同二年放此爲下于僞反下爲告同去王起呂反
以見賢徧反故復扶又反下同恭孫音遜朝朝上如字下直遙反莫
夕音暮別治直吏反背叛音佩凡背叛之類皆放此近許附近之近分別
彼列反于越本亦作粵音同以上時掌反凡言以上皆放此蓄積勑六反
二年舍此音捨下同見先賢遍反下形見目見作見見恩並同下悉薦反殤公
式羊反死焉於虔反注同致難乃旦反嚴然魚檢反本又作儼重道

直用反 故爲于僞反傳爲隱諱下注不爲諱爲後同 傳聞直專反注傳聞及下注傳之皆

同 以復扶又反下反復同 少殺所介反下同 煬宮餘亮反舊始郭反 子

般音班 令宋力呈反 相長丁丈反下同 有帥所類反下同 爲卒

子忽反下皆同 封疆居良反 未解音蟹 妻媦音胃妹也 大廟音泰

下及注同 所嗜市志反 僾音愛又烏改反 愾然苦愛反 與會音讀

三年于贏音盈 以見賢徧反下并年末以見同 以復扶又反下同 去之

起呂反 不歃本又作歃所洽反又所甲反 近正附近之近下及注同 相背音佩

于盛音成 于讙呼官反 親迎魚敬反下同 爲夫于僞反下同 分

别彼列反 僅有其靳反劣也 之行下孟反 秏減呼報反下佳斬反 國

喪息浪反 四年公狩手又反冬獵也 曰廋本又作搜

亦作蒐所求反簡擇也 長大丁丈反年末同 未離力智反 兆圍音又 左膘

毗小反又扶了反三蒼云小腹兩邊肉說文云脅後髀前肉 射之食亦反下同 右髃本又

作髃魚俱反又五苟反說文云肩前也字林云肩前兩髃骨也五口反 中心丁仲反下同 如鐙都鄧

反又音登 遠心于萬反 之庖步苞反 左髀方爾反又步啓反股外也本又作膘 右

髃羊紹反字林子小反一本作胘音賢 汚泡普交反又百交反 因以捕音步本又

作搏音博又音付 共承音恭 爲田于僞反下皆同 伯糾居黝反 氏

采七代反後放此 盖弟大計反 五更音庚 食音嗣 於辟必亦反 親

袒音但 而饋其愧反 而酳以刃反又士刃反 其近附近之近下同 王札

側八反 叔肸許乙反 下去起呂反 見其賢徧反

五年怴呼述反狂也齊人語 不與音預 著治直吏反 見意賢徧反下

文注並同　以別彼列反　縣車音玄　從王如字又才用反下及注同　撮要

七活反　不爲于僞反下所爲與爲六年同　一與音餘下同　苞苴子餘反　應

變應對之應下同　螺音終本亦作螽說文螽或蝩字　過我古禾反又古卧反

六年　寔來市力反　慢易以豉反　見其賢徧反下見無正同　大

閱音悅　任用音壬　陳佗大阿反　侯般音班　括戕在良反　鄫子

才陵反　惡乎音烏烏乎猶何也注同　而去起呂反　嚴公音莊本亦作莊案後

漢諱莊改爲嚴　栢與音餘　正稱尺證反　疾惡烏路反　射天食亦反

徧告音遍　七年　樵之似遥反薪也　火攻音貢又如字下

同　可復扶又反　郱步丁反　鄑子斯反一音晉　郚音吾　其難乃旦反　不

愉他侯反本又作偷　下去起呂反　見不賢徧反

八年　烝之承反冬祭也　曰祠嗣絲反　韭卵力管反　猶食音飼下同　以

別彼列反　曰礿予若反本又作禴同　於祊必庚反　少牢詩照反　索牛

所百反　識亟去冀反注及下同　數也所角反　屬十音燭下同　今復扶又

反下同　則黷徒木反　渫黷息列反　敬養餘亮反　散齊素旦反下

側皆反　相君息亮反下同　洞洞大董反　弗勝音升　濟濟子禮反又

似兮反　愉愉羊朱反　勿勿如字　蹠音跡下注同　怠解古賣反　折

中之設反下丁仲反　御寒魚呂反又如字　不與音預　雨雪于付反　沵血

古流字　祭公側介反後祭仲祭叔放此　下應應對之應　成使所吏反注及下成使

同　爲媒亡盃反　請期音情又七井反　親迎魚敬反　妃匹音配絶句

九年　治自直吏反　射姑音亦　齊與音餘絶句下同　重惡如字或烏

路反
十年見要一遥反注同惡乎音烏明近附近之近
幾與音祈不復扶又反下同戮力音六又力彫反字亦作勠
十一年公行下孟反屬上音燭令復扶又反下故復同故爲
于偽反寤生吾故反鄭相息亮反欲見賢徧反下同防難乃旦
反下同稱也尺證反以別彼列反鄶公古外反爲我于偽反下注爲
突非能爲突爲賂爲突歸爲承同令自力呈反下同秉便婢面反大甲音泰
反覆芳服反出使所吏反挈乎苦結反提挈也質省所景反于
折之設反又時設反一本作析思歷反夫童音扶下音鍾又如字左氏作夫鍾于闞口暫反
十二年歐蛇丘于反又音曲侯反蛇音移又音池左氏作尚池燕人音烟躍卒
予若反佗子大何反故復扶又反下同去躍起呂反于郯音談二傳作虛
武父音甫惡乎音烏十三年傳同
十三年鞌音安以勝詩證反不蔽必婢反于菅古顏反其
處昌慮反行伍戶郎反背殯音佩後背殯皆放此爲龍于偽反
十四年淫泆音逸陽行下孟反莅盟音利又音類下同御
廩力甚反粢盛音咨下音成委之于鬼反注同積也子賜反以共
音恭天應應對之應難曰乃旦反背恩音佩分別彼列反見輕
賢徧反十五年共費音恭下芳味反柏行下孟反下行惡同令復
扶又反下注故復及傳文復入并注下不復皆同別之彼列反于郜戶老反又火告反左氏作
艾穀梁作蒿于櫟力狄反一音匹沃反易得以豉反于侈昌示反二傳作袲
爲桓于偽反下同十六年復加扶又反城向式亮反屬

負兹音燭注同屬託也諸侯有疾稱負兹言朔託有疾

十七年于趡翠癸反去夏起吕反下同國幾音祁并於必政反又如字柏行下孟反深爲于僞反

十八年于濼郎沃反又音洛說文云匹沃反内爲于僞反譖公側鴆反下同乘使婢而反以别彼列反之稱尺證反懲惡直升反遣使所吏反

莊公第三

何休學

元年君殺申志反下皆同孫于音遜下及注皆同孫猶遁也遁也徒困反

與殺音預下同譖公側鴆反如誣曰譖將上時掌反下同搚幹路合反本又作拹亦作拉皆同折聲也幹音古旦反脇也背本音佩蒯聵苦怪反下五怪反見王賢徧反下同爲内于僞反下爲卑爲者同遂去起吕反單伯音善後放此

逆王姬左氏作送王姬共治直吏反之好呼報反風一日如字又方鳳反

陽倡昌亮反陰和戶卧反惡天烏路反齊衰音咨下七雷反爲解古賣反必爲于僞反下必爲爲襄公并注同遠别彼列反大卑音泰一音他賀反來錫星歷反令有力呈反虎賁音奔鈇鉞音甫又方于反下音越秬音巨黑黍也鬯勑亮反香酒善行下孟反下同復加扶又反尤

悖補内反郱步丁反鄑子斯反又音晉郚音吾

二年幼少詩照反于郜古報反二傳作禚四年亦爾則近附近之近赤如字

三年溺乃歷反不見賢徧反下皆同以酅戶圭反共祭

音恭 難辭 乃旦反下皆同 惡公 烏路反

四年曰犒 苦報反勞也 絕期 音基 絕緦 音絲 爲襄 于僞反下

爲賢注爲諱及下注爲諱爲襄同 亨乎 普庚反注同烹煑殺也 祖禰 乃禮反 師喪

息浪反注同 蓍曰 音尸 筮 市制反 幾世 居豈反 崧高 息忠反本亦作嵩

怒與 音餘 無說 音悅注同 說懌 音亦 將去 起呂反下及注同 若

行 下孟反注同 於治 直吏反 閔其 苦鵙反 大斂 力驗反 夾之 古洽反

以見 賢徧反下同 以共 音恭 可勝 音升 不復 扶又反

五年倪 五兮反二傳皆作郳 黎來 力兮反 小邾婁 力居反二傳亦無婁字

得見 賢徧反 爲僖 于僞反一文注同

六年之稱 尺證反 一使 所吏反 令交 力呈反 爲王 于僞反下因爲

不爲危錄皆同 不復 扶又反下皆同 殺而 申志反下皆同 屬託 音燭 螟 亡丁反

衞寶 左氏經作衞俘 極惡 烏路反

七年辛卯夜 一本無夜字穀梁作昔 不見 賢徧反注及傳皆同 雨星

于付反一音如字下注雨星同 常宿 音秀下同 參伐 所林反下同 狼注 張又反噣咮同

朱烏口星也一音之住反 斬艾 魚廢反 未墜 直類反 齊分 扶問反 螟蟓

音終 數出 所角反 淫泆 音逸

八年屈宁 居勿反 本爲 于僞反傳及注爲久皆同 屬與 音燭 祠

兵 音辭祭也左氏作治兵下文注同 士卒 子忽反 振訊 音信又音峻本亦作迅

相見 賢徧反下同 難在 乃旦反 長幼 丁丈反 圍成 如字二傳作郕 降于

戶江反傳及下注皆同 慰勞 力報反下同 其罷 音皮下同 諸兒 如字一音五兮反

從弟 才用反
九年于暨 其器反左氏作餼 爲其 于僞反注爲君及下注實爲會爲同 歃血
所洽反又所甲反 之難 乃旦反 納糾 左氏經亦作納子糾 去國 起吕反下故去同 別
嫌 彼列反 見臣 賢徧反 自誇 苦瓜反本又作夸下同 夏徵 戶雅反 邵
忽 本又作召上照反 惶恐 丘勇反 當坐 才臥反後當坐之類皆放此 浚 思俊反深也
洙 音殊水名
十年長勺 時灼反 觕者 七奴反又才古反 有數 所主反 屬比
音燭 不復 扶又反 乘丘 繩證反 齊與 音預下及注同 折衝 之設反下昌容
反 于莘 所巾反 梁雍 於用反 以見 賢徧反 孫順 音遜 惡
惡 並如字一讀上烏路反 其傳 直專反 而近 附近之近 卒暴 七忽反

滅譚 徒南反 別於 彼列反 惡不 烏路反
十一年于鄗 子斯反 漸移 火鑊反又音郭 不見 賢徧反下同 不
省 所景反 報應 應對之應 過我 古禾反
十二年君接 左氏作捷 仇牧 音求下音牧 舍此 音捨下孔父同 下舍
復 扶又反下年末同 反覆 芳服反 驕樂 音洛下宴樂同 彊禦 魚吕反 數
月 所主反 公博 如字戲名也字書作簙 慢易 以豉反 故訐 九列反九謁反
一音九刈反又一本作揭其例反列二反 跖其 丁故反 爾女 音汝下同 稱譽 音餘又音預
惡乎 音烏注同 捋閔 音博 其脰 音豆頸也 而叱 昌實反 萬臂
必賜反本又作辟婢亦反 摋 素葛反又素結反側手擊也 齒著 直略反 門闔 力臘
反門扇也 乳犬 如住反 攫虎 俱縛反又九碧反一本作搏又音付 伏雞 扶又反 搏

貍力之反 復見賢徧反
十三年 信鄉許亮反年末同 卑下遐嫁反 于柯音歌 易也
以豉反注及下同 循佼古卯反 能復扶又反下同 外壇大丹反 以長
丁丈反 上壇時掌反 造桓七報反下同 公卒七忽反 愕五各反 能
應應對之應 爲此言于爲反下爲殺同 壓境於甲反又於輒反 齊數
所角反 圖與音餘 摽劒普交反辟也辟劒置地劉兆云辟捎也 辟也婢亦反下
同 去離力智反 要盟一遙反注同 強見其丈反
十四年 分別彼列反 于鄄本亦作甄規面反
十五年 伐兒音郳
十六年 滑于八反 爲慕于僞反 如瑣息果反

十七年 鄭瞻二傳作詹 爲甚于僞反 惡之烏路反下惡之皆同 遠
倿于万反下同 瀸于子廉反二傳作殲 積也本又作漬 齊強其丈反 將
帥子匠反下所類反 重言直用反 明行下孟反 多麋亡悲反
十八年 濟西子禮反 爲中于僞反注及下皆同 有蜮音或短狐也或
謂之射工射音食 十九年 媵陳以證反又繩證反 婢從才用反下
注同 嫉妬音疾又音自 爲其于僞反注及下注同 專矯居表反 之難乃旦反
後背音佩 二十年 大瘠在亦反病也本或作癠才細反一本作漬才賜
反鄭注曲禮引此同 癘力世反疾疫也 疾疫音役 邪亂似嗟反
二十一年 鄭伯突徒沒反厲公也
二十二年 肆音四本或作佚 大省所景反除自省皆同二傳作眚 跌也大結

反過度也此行下孟反之思息嗣反猶爲于僞反無適丁歷反下
同高傒音兮反玄纁許云反儷皮力計反本又作麗
二十三年陳佗大何反祭叔側界反惡公烏路反下同宮楹
音盈柱也下傳及注同爲將于僞反斷而丁亂反下同礱之力工反射姑
音亦不復扶又反于邑音户有汙汙辱之汙一音烏卧反後放此之行
下孟反二十四年宮桷音角榱也親迎魚命反見
宗賢遍反下傳文見宗也見用幣及注同難也乃旦反下及注同不僂力主反疾也注同約
遠于万反要公一遙反縱弁所買反又所綺反惻隱初力反覿用
大歷反見也爲贄音至斷脩丁亂反注同本又作腶音同腶脯加薑桂曰腶脩耿介
古幸反下音界行列户郎反不號户刀反必跪其委反而醇音純
粹雖遂反爲調于僞反下注同令力呈反昭穆上遙反凡昭穆之例
皆同復水扶又反曹羈居宜反一本同則守手又反又如字下同成媿
昔白反素餐七干反諷讀方鳳反自適許規反爭諫爭鬭
之爭戇諫陟降反又呼弄反又丑用反赤歸于曹郭公此連爲句郭音
虢亦如字連讀郭公爲一句二十五年女叔音汝故去起呂反年末同
營社一傾反又如字本亦作禜同爲闇于僞反注爲同大廟音泰應變應對之應
不復扶又反二十六年子駘徒門反爲曹于僞反下同避
難乃旦反爲去于僞反下起呂反二十七年于洮他刀反惡公
烏路反下惡莊同不別彼列反告糴音狄下同使乎所吏反內難
乃旦反注及下皆同之治直吏反下之治同得與音預嘗更音庚不背音佩

喪婦息浪反 長女丁丈反 悖德補內反 夏後戶雅反 城濮音卜
二十八年 伐者爲客何云讀伐長言之伐人者也
伐者爲主何云讀伐短言之見伐者也 蓋爲于僞反 見直賢遍反
瑣卒素果反 築微左氏作麋 之委於偽反 之儲直魚反 之畜勅六反
不匱其位反 二十九年 延廄九又反 功費芳味反
差輕初賣反 有蜚扶味反臭蟲也 之行下孟反 別君彼列反
三十年 降鄣戶江反下注同鄣音章 爲桓于僞反注同 而
復扶又反 惡其烏路反下同 比殺申志反 魯濟子禮反 以操七刀反也注同
已蹙子六反 故去起呂反 貶見賢遍反
三十一年 漱素口反 浣戶管反 無垢古口反 去垢起呂反 爲瀆

于僞反下爲莊同 桓殺申志反 之觀工喚反 恐怖丘勇反下普故反 軍
幟音志又申志反又尺志反本又作幟同 忌難乃旦反 因見賢遍反 不施申豉反
三十二年 叔肸許乙反 爲季于僞反下爲季而爲注故爲同
之遏於葛反山也 以別彼列反 將焉於虔反 般也音班
夫何音扶下反注同 反覆芳服反 思難乃旦反 俄而五多反 牙
殺申志反注及下親弑同 械戒戶戒反 而飲於鴆反下同 酖毒本亦作鴆直蔭反下文同
無傫本又作巫傫音力委反又力追反 王堤丁兮反 無將如字閔公本將不誅將而肯同或子匠反非也
之與音餘 不去起呂反 見隱賢遍反
邑樂音洛 不暴步卜反

閔公第四

何休學

元年繼弒申志反復發扶又反下同不見賢徧反不探他南反之辟婢亦反首匿女力反惡乎音烏扈樂音洛或如字曾淫才能反盡殺戶臘反故令力呈反主爲于僞反下文注皆同子女乎音汝仲孫與音餘二年不爲于僞反下爲淫同吉禘大計反大廟音泰下同君數所主反下同則祫音洽取期音基下同而禫大感反弒音試下及注同當復扶又反下同見賢徧反下文復見同別尊彼列反故絕去起呂反下欲去同甲革更百反皆鎧苦愛反冑直又反鹿門魯南城東門也其使所吏反惡其烏路反下及注同將也子匠反下同趙盾徒本反

僖公第五

何休學

元年繼弒申志反斬衰七雷反聶北女涉反爲桓于僞反下爲桓曷爲幷下注爲諱爲桓爲內爲僖皆同夏陽戶雅反大平音泰陳儀左氏作夷儀復言扶又反下同鄫子似陵反而縊一賜反一本作搤於革反因見賢徧反淫泆音逸于朾敕貞反又他丁反左氏作檉惡之烏路反下同于纓左氏作偃于犂力知反又力兮反左氏作酈莒拏女居反一音女加反一本作茹音同內難乃旦反下同南涘音俟曰嘻許其反抗輈竹由反車轅也外購古豆反去氏起呂反與殺音預又如字下申志反差輕初賣反又初佳反別逆彼列反

二年為桓于偽反下為桓為注深為同見桓賢編反下傳荀息見并注同復
發反注又倉卒寸忽反夏陽左氏作下陽宍與音餘下者與見與司
不應應對之應虞郭音虢又如字注及下同屈產具物反之乘繩證
又注及下同垂棘一本作蕀音同內藏才浪反注同內廐九又反何喪
息浪反知則音智下及注同而好呼報反牽馬本又作牽苦堅反音同已長丁丈
反注同又惡烏路反戲諫許略反之別彼列反貫澤古亂反二傳無
澤字徧至音遍下同
三年大旱音泰飭過音勑下同理寃於元反澍雨之樹反其
應應對之應後災祥之應皆放此易也以豉反注同不為于偽反無障
之亮反一音章注同障斷丁管反曰溪苦兮反無貯中呂反莅盟

音利又音類注同以見賢遍反下同遣使所吏反
四年蔡潰戶內反下及注同重出直用反惡蔡烏路反下惡其專并六年
注同于陘音刑召陵上照反下文同屈完居勿反卒暴寸忽反為
下于偽反下為西公同去月起呂反方見賢遍反袁僑其驕反一本作驕音
同之重直用反又直容反之復扶又反下并末乃復同又音福而亟去冀反數
侵音朔若綫思賤反而攘如羊反卒怗他協反一本作貼服也劉兆同
廣雅云靜也玉篇又丁篋反一本作拈或音章厭反濤塗徒刀反辟軍匹亦反又頻亦反又音避下同濱
海音賓涯也五佳反近海附近之近所便婢面反沛澤音貝又普
貝反草棘曰沛漸洳曰澤漸子廉反洳人庶反故令力呈反所傳丈專反
公孫慈左氏作茲忠詐況[illegible]反五年令舍音捨為

下于僞反 初冠古亂反 如牟莫侯反 首戴左氏作首止 殊別彼列反 再見賢遍反 省文所景反下同 不與音預 爲辭于僞反

比殺申志反 知去起呂反下同 戮力音六又力彫反

六年 彊也其良反 七年 子款苦管反 甯母音無或音茂

八年于洮他刀反 遣使所吏反下録使同 大廟音泰 始見賢遍反下同

以省所景反 篡嫡初患反下音的下同

九年 禦稟說音悅 爲襄于僞反下注爲天爲桓皆同 惡不烏路反 勝

其音朞 而笄古兮反 不泄息列反 遠別彼列反 簪也莊林反

猶使 不預音預 詭諸九委反 殺其音試下及注放此 冠子古亂反

見矣賢遍反 十年 君卓子丑角反又丁角反左氏經無子字

舍此音捨下同 驪姬力知反 少傅詩照反 大傅音泰 之選息戀反

欲爲于僞反下文爲故爲皆同 廢長丁丈反下同 辯訐音信上間

一曰 不背音佩 鄉生許亮反 所復扶又反下同 欲難乃旦反 殺

夫音扶 二孺如住反 踊爲 言渾戶昆反又戶本反下同 美

見賢遍反下同 較然音角下同 大雨于付反 雹步角反

十一年 丕鄭父普悲反

十二年 陳侯處臼左氏作杵臼

十三年 于鹹音咸 不復扶又反下同

十四年 見恐丘勇反 咼火葛反 爲桓于僞反下

使要一遙反 遮諸奢反 淫泆音逸 甚惡烏路反 侯朌

其背音佩
十五年別尊彼列反　伐厲如字舊音賴　激揚古歷反　解古賣反
隋也徒果反　蠓之戎反　久暴步卜反　冥也亡丁反又亡定反注同　當去
起呂反　爲滅于僞反　据泜烏路反　以惡烏路反
十六年本或從此下別爲卷案宋七志七錄何注上下一卷公羊以閔附莊故也後人以僖卷大輒分之爾
霣石于敏反　是月如字或一音徒兮反　六鶂五歷反水鳥　磌然之人反又
大年反聲響也一音芳君反本或作砰八耕反　僅其靳反劣也　逮音代又大計反及也　幾盡
音祈　卓傀□□委　趙盟□□反　不復扶又反下同　所治直吏反
爲王于僞反注同　耿介音戒　之行下孟反　隋功許規反
十七年滅項戶講反國名　爲桓于僞反下及注同　惡惡並如字一
讀上烏路反　其行下孟反　手下皮彥反
十八年手齕魚韋反又音言　與伐音預下與同　堅刀音彫　爲
是于僞反注同　十九年爲襄于僞反下放爲襄公深爲若起
不爲皆同　見其賢遍反　惡乎音烏　惡無烏路反　用處昌慮反
二十年惡奢烏路反　邿子古報反地姓之國下同　爲適丁歷反又作嫡
二十一年爲犯中于僞反下文爲執皆同下爲襄　會于霍左氏作孟
湨梁古闃反　復出扶又反下同　歔捷在接反　乘車繩證反下同
隋之許規反　誰諼誰本亦作詐諼音許元反詐也又音揆　守械手又反又如字
應之應對之應　國爲于僞反下爲襄爲公子注爲沒故爲皆同　惡乎音烏　幾
亡音祈　遭難乃旦反　二十二年須朐其俱反左氏作句　外陘

音刑不殺所戒反注同殺省所景反喪國息浪反注同幾爲音祈
畢陳直近反下及注同王德于況反又如字下王佐同醇粹音純下雖遂反
二十三年圍緡亡巾反重故直用反又直龍反注同故創初良
反下同屬爲音燭雜然七合反又如字以惡烏路反慈父左氏
作茲父故復扶又反不去起呂反始見賢編反
二十四年謂與音餘不復扶又反供養九用反下餘亮反
二十五年侯燬況委反爲魯于僞反下同見姑賢編反絕
去起呂反惡國烏路反不別彼列反
二十六年甯遬音速于向舒亮反至巂戶圭反又似兖反
侈也昌爾反又昌者反大也士卒子忽反自爲于僞反下深爲同當復
扶又反下同別外彼列反下同滅隗五罪反二傳作夔惡不烏路反下同所
傳直專反見治賢編反下直吏反二十七年屬脩音燭爲
執于僞反有難乃旦反今復扶又反以見賢編反得與音預
二十八年衛雍於勇反下同又作壅同遏於葛反起爲于僞反下爲下
卒爲晉深爲不爲同畀宋必二反與也下同師斷丁亂反下當斷同數侵所角
反下數道同城濮音卜据邲皮必反數道音導譎也古穴反卒
致七忽反下倉卒同以見賢編反下不見當見見其同當復扶又反令殺力呈
反下令自同元咺況阮反所惡烏路反下惡衛同此難乃旦反下方難同分
別彼列反爲叔武于僞反下爲賢爲叔武及注而爲故爲深爲皆同爲去
起呂反篡我初患反大深音泰下同放乎甫往反屬己音燭爭

也手亂之爭戶況同 悖君必內反 能降戶江反

二十九年介葛東夷國名 故復扶又反年末同 惡霸烏路反

大雨于付反 雹步角反 不中丁仲反

三十年不復扶又反 別尊彼列反 以見賢徧反下同 爲殺

于偽反 惡夫烏路反 撟君居表反又作矯

三十一年惡乎音烏 惡差初賣反下同 布徧音遍下文同

奇者居宜反 幼少詩照反 大平音泰 王功于況反 惡之烏路

反下皆同 槀席古老反 陶匏白交反 不琢大轉反 不和戶臥反 爲

天于偽反下則爲天本爲主爲皆同 復爲扶又反下同 見免賢徧反下文見同 大

山音泰本亦作泰下同 繭栗古典反 天燎力召反 地瘞於例反 山縣

音玄 風礫胡狄反 膚寸方于反側手爲膚按指爲寸 崇朝如字注同 雨

乎于付反又如字 崇重直龍反下同

三十二年鄭伯接本作捷 別有彼列反下同 可去起呂反 復

出扶又反 重耳直龍反 三十三年于殽戶交反本又作肴戶交反或戶高反

反 輕行遣政反 蹇叔居輦反 拱矣九勇反以手對抱 嶔苦銜反又卿[illegible]注

之音上林賦並同徐音欽韋昭漢書音義去瞻反又本或作𡾰同 巖五銜反韋音嚴 其處昌慮反

阻隘於賣反 可要一遙反傳要之同 介胄直又反 爲其于偽反 如

蹲音存 賈人音古 蹻以居表反 而犒苦報反 勞也力報反下同

虜掠音亮 隻輪如字一本又作易[illegible]云車皆不還故[illegible] 隻之也

居宜反一本作易蹄 惡不烏路反下同 詐卒七忽反 取[illegible]

賨霜于敏反 復榮扶又反 列索息各反

文公第六　何休學

元年歸含本又作唅戶暗反五年經同 且賵芳鳳反 不爲于僞反下不爲

同 長幼丁丈反 稱也尺證反 來錫思歷反 復發扶又反 惡

烏路反 無恙餘亮反 于戚七寂反 君䫉苦門反左氏作頵

二年彭衙音牙本或作牙 惡烏路反 其將子匠反 今復扶又反下

不復皆同 董師直用反 爲僖公廟于僞反下蓋爲以爲下欲爲同 下壙

苦晃反又音曠 麤觕才古反又七奴反 期年音基三年同 人正音征下同 别昭

彼列反下同 去氏起呂反 士縠戶木反 垂斂左氏作垂隴 大廟音太下大

祖皆同 隮僖子兮反升也本又作躋同 大祫音洽大祭 禘數大帝反下所主反 室

笮測白反 炊沐昌垂反下音木 東鄉許亮反下同 猶諦音帝 不礿羊略

反 先禰乃禮反 喪取七住反本亦作娶同 之好呼報反 傳之直專反 慟

杜貢反 三年伐沈音審國名 沈潰戶內反 新使所吏反 雨

螽于付反下及注同一音如字螽音終 而隊直類反注同 隋地大果反 地上時掌反

醇音純 爲王于僞反 貴近附近之近 重出直用反 爲諼許元反

四年不爲于僞反 錄使所吏反 見與賢遍反 甯俞乃定反下音餘

五年加飯扶晚反 宰咺況阮反 去天起呂反下同 任宿音壬

顓臾音專下音揄 入鄀音弱

六年侯讙好官反 數如所角反 射姑音亦又音夜穀梁作夜 君漏

力豆反泄也言泄息列反又以制反姑將子匠反下同不說音悅下同刺陽
七亦反又一音七賜反大祖音泰比時必利反朝朝上如字下直遙反敢渫息列反
七年須朐其俱反并爲于僞反年末注同城郚音吾令狐力丁反
先眛音蔑左氏作蔑其咎其九反眣晉音舜本又作眣丑乙反又大結反以目通指曰眣本
又作瞚音同字書云眣瞚也以忍反故復扶又反
八年衡雍於用反雒戎音洛于暴步報反本又作瀑一音甫沃反冉
見賢徧反壅塞於勇反復還扶又反螽音終
九年信恩音中涼音凉又音良闇如字又音陰者與音餘惡文
烏路反陽行下孟反星孛音佩使椒子遙反一本作菽子小反見升賢徧反
卒備七忽反襚音遂贈喪之衣服一使所吏反以別彼列反下同欲上時掌

大二三八 十三三九六 公羊音 二十二 蕭憲

反又如字少繫詩召反共公音恭
十年女栗音汲木亦作汲屈貉居勿反又音厥下麥又户各反二傳作厥貉
十一年伐圈求阮反一音卷說文作圈字林曰万反二傳作麇于鹹音咸復扶又
反于犂力知反又力兮反狄行下孟反
十二年而笄古兮反遠別彼列反使遂二傳作術賢繆音穆
諓諓徐在淺反又子淺反又音踐尚書作截淺薄貌也賈逵注外傳云巧言也善竫在井反撰
也本或作論皮勉反又必淺反本作譔七全反又仕勉反俾君必爾反注同使也易怠以豉反注同
輕隋大卧反一介古拜反一介猶一槩也尚書音古賀反斷斷丁亂反專一也注同
佗技其綺反一槩古愛反奇巧其宜反本又作琦同休休許虯反美大貌
曲折之設反數輿所角反不別彼列反下同及運二傳作鄆後皆爾

十三年盈為于僞反下文盈爲爲周公皆同故復扶又反遂篠其居反下直居

反世室屋壞二傳作太室大廟音泰下同以養餘亮反注皆同供養

九用反下同死以為知字注死以爲周公主同千乘繩證反有王于況反趣

鄉許亮反騂息營反犅音剛詩作剛騂犅赤脊也為盛成政反又音成粢盛也在器曰

盛公熹徒報反一本作濤音同冒也冒也亡報反公麇力甚反財令力呈

反下同于沓徒合反于斐芳尾反本又作棐之鄭乃旦反

同十四年為臣于僞反下爲後故爲同侯潘普干反更相音庚下吳楚更

獒殺甲志反下同趙盾徒本反星孛步內反徐扶憤反並爭

爭鬬之爭捷菑在妾反又如字下側其反二傳作接菑百乘繩證反沛若普貝反有

餘兒貜且俱縛反下子餘反壓之於甲反又於輒反非也齊復扶又反下同也

小三八十二大三五十　公羊音　二十三　吳生

長丁丈反注同見挈音賢徧反下音苦結反惡商烏路反卓子勑角反分

別彼列反惡乎音烏十五年華孫戶化反見宋

賢徧反惡二烏路反下皆同筍將音峻竹箯也將送也竹箯婢緜反一音步賢反

服虔音編韋昭音婢頻緜必緜反一音補郭璞音步典反與音餘爲叔于僞反下父爲子子爲若爲

賓爲同傳遂直專反令受力呈反下同解也戶買反不省所景反

其郛芳夫反郭也恢郭苦回反大也鄉者許亮反下同幾亦音祈

十六年為叔于僞反乃復扶又反下同犀丘音西左氏作郪丘穀梁作師丘

漱素侯反浣戶管反令自力呈反橐揚步卜反巴人反處

曰二傳作以別彼列反梟古堯反斬要一遙反刎亡粉反頭如字

本又作服音臣十七年聖姜二傳作聲姜

十八年伯縈乙耕反何云傳公也左氏穆公子惠公 復見扶又反下同下賢徧反

弑也音試下及注同

宣公第七

何休學

元年差輕初賣反 摘巢吐狄反 刳胎口孤反 復屬音燭

叢棘才工反 冔況甫反 要經一遥反 又孫音遜 濟子禮反 遺

諱唯季反 兼將子匠反 斐林芳尾反 閒音閑 貿音茂

二年華元户化反 夷獆户刀反又古刀反二傳作夷皐

三年則扳普顔反又普姦反 于滌大歷反宫名 迭生大結反 更

王音況一于況反 賁渾舊音六音奔下户門反二傳作陸渾 鄭繆音穆

四年公爲于僞反 五年爲重直用反下同

六年見何賢徧反 升餕音俊 已趨音紀 是樂音落 有人

何本又作荷胡可反又音河 畚音本 焉解古賣反又如字 熬擊五羔反又苦交反熬擊也

斃乎擊也反 諷愬所革反又許路反 作在洛反 魚飧音孫 祁彌

頸居郢反 自斷音短 重門直龍反 擊柝他洛反 而食

音嗣下同 仡然魚乙反 躇丑略反與踱同一本作辵音同 劇不其據反本亦作遽 比

周醜志反 之鏊五刀反 而踆音存以足逆蹋之 逆躕 肫 其頷

户感反 蚤音早 不說音悅 黑臀徒門反 剽匹妙反

七年爲伐于僞反 八年難辭乃旦反 編必遇反 屬

音燭 曰形戶丁反 讀循食允反 人扞户旦反 頃熊音傾 無詒音刃

莫者音暮九年諱亟去冀反未期音基

十年及僤本又作闡昌善反耶頽類又力對欺類二反贍振常豔反

十一年公孫甯乃定反音寧十二年斷曰音短藉

疾夜反沛焉普蓋反墝埆上苦交反下音嚳多索所白反舊本作策音索

屢往力住反又作數音朔數千所主反邑養餘亮反艾草魚廢反

杅不音于喪費芳味反可掬九六反注同扳普顔反又必顔反造舟

七報反而佚音逸注同欲壞音怪十三年秋螽音終

十四年者惡烏路反十五年得與音預儳矣

皮試反柑馬其廉反以木銜馬口大貊亡百反之費方味反數萬所主反

以食音嗣伉健苦浪反一音苦杏反塾音孰莫音暮蝝與專反

十六年宣謝災左氏作宣榭火

十七年錫我思歷反于鞌音安斷道音短又大短反

十八年節斷音短賢行下孟反墠帷音善掃地張帷之殺所戒

反怨懟直類反

成公第八

何休學

元年舒恒如字緩也尚書作豫奧若本又作燠於六反煖也幼少詩召反

甲鎧苦代反辟土婢亦反粥貨羊六反貿戎音茂一音茅左氏作茅戎

二年新築音竹公子手一本作午左氏作首鞌音安以見賢徧

反年末注同惡內烏路反不使所吏反下及注使乎大夫同佚獲音逸下同一本

作失不去起呂反師還音環注同逡巡七巡反頃公音傾驂乘
繩證反還尚時亮反公操七刀反持也法斮莊略反又仕略反斬也死
難乃旦反姪子大結反又丈乙反踊于音勇上也棓普口反又步侯反高下有絕加
躡板曰棓而闚去規反本又作窺上也時掌反加躡女輒反或跛布可
反或眇亡小反逆跛本又作訝五嫁反迎也致飧音孫臉而審反踦
閭居倚反踦足也又音於綺反又初義反何云閉一扇開一扇一人在外一人在內曰踦閭芻初倶反
蕘如遥反之甗音言又魚輦反又音彥邑也為質音致下注又下同眣
魯音舜又丑乙反又達結反之使所吏反為之于偽反注皆同公鮑白卯反侯
邀音遨汶陽音問一處昌慮反數道所角反下道音導三年衛
繆音穆素縞古老反幼少詩召反下同大重音泰一音他賀反去疾

起呂反為內于偽反將咎如咎音古刀反左氏作廧咎如尋繹音亦惡
之烏路反下同屢盟力住反用長丁丈反反復扶又反數侵
所角反下同比周毗志反
四年伯臤苦刃反本或作堅五年荀秀左氏作荀首壅
河於勇反不沇音流為天于偽反通道音導湨古闃反徧
刺音遍又重直用反蟲牢直弓反下力刀反六年得復
扶又反而好呼報反取鄟市轉反又音專諱亟去冀反注同魯背
音佩屬相音燭伯費音祕為中于偽反故去起呂反
七年鼷鼠音兮重有直用反下同伐郯音談見者賢徧反下同
八年曰嘻許其反所喪息浪反語之魚據反履緰音須趙

括古活反 以見賢徧反 瑞應應對之應 爵稱尺證反 爲王于僞
反下爲魯爲丁同 幼少詩召反 勞來力報反下力代反 來勝以證反又繩證
九年 悖義布內反 廟見賢徧反下同 操禮七刀反 以別彼列反
且爲于僞反 復發扶又反 菑潰戶內反
十年 重難乃旦反 數卜所角反 忿懟直類反 後由昌氏
反大也 妬丁故反 取十七住反本或作娶 侯孺乃侯反 去令起呂反 惡
㤅烏路反 令復扶又反 十一年 邾州之由反亦作犨
十二年 沙澤素禾反注如字二傳作瑣澤定七年同
十三年 郤錡魚綺反 鑿行在洛反造意也 復出扶又反 伯廬
力吳反本亦作盧 十四年 凡取本又作娶

十五年 未見賢徧反下同注末及注並同 復氏扶又反年內同 使于
所吏反及下使乎同 酋長丁丈反 相之息亮反下同 殺子音試 皆雜七合
反又如字 世子戌音恤本或作成 爲篡于僞反 宋共音恭 士燮
反其 無咎其九反 子鰌音秋 所傳直專反 之行下孟反 差
醇初賣反下音純 葉公舒涉反下文同 者說音悅 十六年 少
陽詩召反 復食扶又反 欒黶力官反 於斬也 冥也亡定反又亡丁反
反 其治直吏反 鄢陵於晚反又於建反 于溵烏宏反 王痍音夷
傳治 所中丁仲反 爲重于僞反下爲代公同 恚一睡反 易也以豉反注
又下同 復舉扶又反下而復同 喜時左傳作欣時 令專力呈反 舍
是音預注同下傳舍是放此 無難乃旦反注同 招丘京謠反又上饒反二傳作哲丘

悕矣音希悲也 別嬰彼列反 出使所吏反

十七年 訶陵古河反 因見賢遍反下同 惡如字又火吳反 池如字

又大河反 蜚林芳尾反又音配 泮宮音判本又作郊 告牲音全 荀罃

乙耕反 貍力之反 軫之忍反左氏作賑穀梁作蠆 以爲于僞反下文爲公同 以激

古狄反 玃且俱縛反下子餘反 十八年 復入扶又反注同 楚

爲于僞反下爲宋同 士匄古害反 鹿囿音又 士彭二傳作士魴襄十二年同

崔杼直呂反 虛朾起魚反下勑丁反

襄公第九

何休學

元年 甯殖市力反 爲宋于僞反下爲宋楚爲楚並注同 于合二傳作鄫

大字卅五 小二千五十一 公羊音 二十八 黃珍

鄭背音佩 孫剽匹妙反 二年 伯睔古困反 繆姜

音穆 人與音餘下同 爲中于僞反下及注并下文鄭爲皆同

三年 長樗敕呂反 不別彼列反 袁僑其驕反 爲其

于僞反注同 不復扶又反下同 不重直用反

四年 弋氏以職反莒女也左氏作姒氏 定弋左氏作定姒

五年 子巫亡扶反 爲叔于僞反 疑讞魚竭反 善稻左氏作善

道 通好呼報反 數用所角反 賦斂力驗反 惡鄫烏路反 不

見賢遍反 雜然七合反又如字十年注同 乃解古賣反

六年 曷爲于僞反 爲重直用反

七年 郯子音談 城費音秘 螽音終一音鐘 于鄬于委反字林凡

吹反 髡原苦門反左氏作髡頑 于操七報反一音七南反左氏作鄵 殺也音試下又

注皆同 爲中于僞反下及注皆同 楚屬音燭 鬭髭由音禍 舍止處

昌慮反 見辛賢徧反 當背音佩 八年以殺音試 爲

中丁仲反又 當去起呂反 子夔素協反 易不以豉反 禦難

乃旦反 候伺音司又息嗣反 邢丘音刑 九年宋火二傳作災

離本力智反 見火賢徧反 爲王于僞反 浸疏子鴆反 于戲

許宜反 惡公烏路反 十年于柤莊加反 偪陽音福又彼力反

惡諸烏路反 開道音導 連蔓音万 公與音預下同 子斐

芳尾反左氏作騑 爲蕃方元反 諸侯莫之主有絕句 見其

賢徧反下同 十一年爲軍于僞反年末同 故復扶又反

事省所景反 想上息亮反下同 爲治直吏反 不共音恭 怨

懟直類反 京城北左氏作亳城北 常難乃旦反 鄭與音預 良

霄音消 十二年囹台他來反又音臺 所背音佩 亟作

去冀反 最難乃旦反 務長丁丈反 迭爲大結反

十三年取詩二傳作邿 諱亟去冀反注同 諱背音佩

十四年公孫蠆敕邁反二傳作蠆 于向舒亮反 綴流知銳反又

作丁悅反一本作綴旒 復納扶又反 華閱音悅

十五年向戌音恤 劉夏戶雅反 采邑七代反下謂采同 租稅

子奴反下舒銳反 見義賢徧反下同 大夫稱尺證反 貶去起呂反 過

我古禾反 共音恭 至攜戶圭反又因兖反 爲不于僞反 成郛芳夫反

侯周 一本作雕　十六年 昊梁 本又作湨古闃反 徧剌 音遍
下及下注同 若贅 章銳反本又作綴丁衛反又丁劣反繫屬也 旒然 音留本又作流旌旟之步
繫屬 音燭 見惡 賢徧反 最難 乃旦反 肯復 扶又反 不重
直用反 甚惡 烏路反　十七年 邾婁子瞯 音閑或下斬反左氏
作牼 圍洮 他刀反左氏作桃　十八年 言朝 直遥反下同
十九年 祝阿 二傳作祝柯 爲其 于僞反下同 亟伐 去冀反注同
憍蹇 紀橋反本又作驕下紀輦反 并數 必政反下所主反下數年同 漷水 火虢
反徐音郭 取濟 子禮反下同 侯瑗 于眷反一音環二傳作環 有難 乃旦反 故
見 賢徧反 公子喜 二傳作嘉 于柯 古河反
二十年 孫遬 音速 澶淵 市然反 弟光 左氏傳作弟黃

二十一年 以漆 音七 閭丘 力於反 据使 苦吏反 惡受 烏路反
商任 音壬 庚子孔子生 傳文上有十月庚辰此亦十月也一本作十一月庚子又本無此句
二十二年 今與 音預 得復見 賢徧反
二十三年 伯匄 古害反 鼻我 二傳作畀我 以治 直吏反下見治治之漸同
近升平 附近之近下近升同 所傳 直專反 見治 賢徧反下同 所譖
側鴆反 復入 扶又反注同 雍渝 羊朱反左氏作揄 聶北 女輒反 惡其
烏路反 孫紇 恨發反　二十四年 仲孫偈 本又作褐亦作羯同
居謁反 陳儀 二傳作夷儀二十五年同 咸 本又作鍼其廉反 宜咎 其九反
二十五年 鄭背 音佩 故爲 于僞反 重丘 直龍反 入櫟
力狄反 諼君 況元反 以弒 音試注同後年放此 伺便 音司下婢面反 惡

之烏路反 屈建居勿反 子謁左氏作遏 卒暴七忽反 而射
食亦反 復見扶又反 二十六年 君剽匹妙反 喜爲
于僞反下文爲惡爲同 惡剽烏路反注及下惡剽以惡并注放惡反惡惡輕以惡皆同 有
說音悅注同 以見賢徧反下出見同 復納扶又反 子痤在禾反 男寗
乃定反 二十七年 孔瑗二傳作孔奐 專鱄市轉反又音專一音直轉反
射姑音亦又音夜 爲殺于僞反下爲殺爲我爲衛注深爲皆同 黜公勑律反下
文注同 艾能音汝 羈縶本又作馽下涉立反馬絆也 爲絆音半 鈇音甫
又方于反 鑕之實反 從君才用反又如字注同 烹 蘖魚列反又五割反注及下同 敢
與音預 令力呈反 必 背約音佩下同 挈其苦結反 慹患
反 昧雉音劉亡粉反一音未又音蔑劉也 見獻賢徧反下見此同 雖復扶又

反 小介音界 閽殺音昏下音試二十九年同 餘祭側界反
二十八年 閏數所主反下同 朞月居其反又作期
二十九年 而復扶又反下同 惡惡烏路反下惡以同 爲臣于僞反下
故爲爲季子寧凡爲同 墨劓魚器反 臏婢忍反 大辟婢亦反 畫象
音獲 應世應對之應 黠巧閑八反 不近附近之近下同 士鞅於丈反 使札
側八反 迮而子各反 倉卒七忽反 迭爲大結反更也 更也音庚 必
祝之之又反又之六反注同 疏食音嗣 李子 使所吏反下同 僚者力彫反
長庶丁丈反下注同 闔戶臘反 廬力居反 命與音餘下命與同 僚焉
於虔反本又作惡音烏 刺僚七賜反又七亦反注同 僚者巾志反 爾殺吾
君申志反注殺僚同 篡也初患反 則遠于万反 以見賢徧反 北燕

音烟

三十年蘧遠于委反頗音皮又音彼一音普何反又一本作跛者音同二傳作蘧罷

公數所角反子般音班深為于僞反下為伯不為爲中國同極思息吏反

年夫音扶又如字二傳作佞夫惡失烏路反下皆同不去起呂反子行下孟反下子行其行同

重失直用反又直勇反共姬音恭傅母如字又武侯反本又作姆同

加弑音試下同凡為于僞反下注所為同更宋音庚又古孟反復也償也所

喪息浪反下注同解浣戶管反復生扶又反共償常亮反

三十一年好其呼報反見晉賢徧反下同

昭公第十

何休學

元年國酌一傳作國弱子招上遥反軒虎軒依字許言反舊音罕二傳作

罕虎于鄆音郭又音虢左氏作虢穀梁作郭為弑于僞反下注為內為仕皆同難

八乃旦反二年注同誤令力呈反見者賢徧反下同復貶之扶又反弟

鍼其廉反千乘繩證反注同大原音泰下同大鹵力古反曰隰

音習分別彼列反去疾起呂反疆運居良反下同子卷音權左氏作麇

二年乃難乃旦反下有難同

三年大雨雹步角反為季于僞反著治直吏反大

平音泰四年大雨雪于付反左氏作大雨雹為季于僞反下

文及注為齊誅並同不復扶又反下同去吴起呂反滅厲如字又音賴左氏作賴

五年舍中音捨下又注同為難乃旦反下同為其于僞反將復

扶又反濆泉扶粉反濆泉涌泉也左氏作蚡泉穀梁作賁泉戰勴呂慮反報應

應對之應嫡之丁歷反注及下同六年復卒扶又反內行
下孟反下同可勝音外見其賢徧反合比如字又毗志反賦斂力驗反或
無此字七年暨齊其器反叔孫舍二傳作姑當時丁浪
反又如字鮮不息淺反八年故重直用反年末同侯溺乃狄反廋
所留反本亦作蒐公子過音戈費多芳味反詐諼況元反復書扶又
反下同列見賢徧反九年復見扶又反下同下賢徧反陳火左氏
作災悕矣音希悲也辟門婢亦反開也本爲于僞反孫貜俱縛
反又吾碧反郎圍音又十年晉欒施左氏作齊欒施季
孫隱如左氏作意如侯彪彼虬反宋戌讀左傳者音成何云向戌與君
同名則宜音恤去冬起呂反十一年戎曼音蠻爲其于僞反

文譎古穴反以好呼報反比蒲音毗侵羊二傳作祲祥宮佗大河
屈銀並如字二傳作毅懋嫡夫丁歷反惡乎音烏惡不烏路反
十二年斷三丁管反又丁亂反生刊苦干反奈女音汝可強
其丈反欲令力呈反下令楚同妄億於力反錯也七故反或七各反字或作措惡
納烏路反戍然左氏作戍熊公子整之領反或作慭魚覲反
十三年圍費音祕乾谿苦兮反衆罷音皮惡靈
烏路反子朝如字不與音預注二不肯與及下文不與焉注公不與不宜與皆同不
復扶又反爲公于僞反侯廬力吳反十四年去疾起呂
反意恢苦回反十五年夷昧音末本亦作末籥入羊略
反去樂起呂反注去籥及下文去樂同爲卒于僞反昭吳左氏作朝吳

十六年戎曼音蠻又音万二傳作戎蠻哀四年同見王賢編反數如音朔
十七年賁渾音六下戶門反星孛音佩彗星息遂反又囚歲反參
伐所林反以別彼列反邪亂似嗟反檇李音醉本或作醉
十八年爲天于僞反不忒他得反天應應對之應入鄅音禹
又音矩十九年于殺音試下于殺加殺皆同復加扶又反下同一
飯扶晩反下同二十年自鄭音蒙又亡忠反又亡貢反一音亡增反者
此舊於此下有比者非復出扶又反爲公子于僞反下爲賢爲會爲之諱同從
與才用反下音餘下從與同絮從女居反說文云絮緼也一曰敝絮也逡巡七旬反
惡惡並如字一讀上烏路反下同通濫力甘反又力蹔反兄輒左氏作縶立
嫡丁歷反以長丁丈反瘖於今反聾路工反癘力世反又力大反禿

吐木反跛布可反傴於矩反惡衛烏路反至令力呈反向甯二傳
作向寧二十一年重舉直用反叔痤在禾反左氏作叔輒惡背
烏路反下音佩二十二年復錄扶又反別從彼列反下同大廋
所求反本亦作蒐昌姦二傳作昌間邪庶似嗟反見當賢編反下同
二十三年閒田音閑惡背烏路反下同背音佩不共音恭舉錯
七故反雞父音甫子髡苦門反子楹音盈左氏作逞穀梁作盈夏齧戶雅
反下五結反艾陵五蓋反別客彼列反下及傳同之行下孟反下同于
莘所巾反庶孽魚列反其難乃旦反子朝如字更起音庚數
年所主反地爲于僞反二十四年民被皮寄反鬱
氂音來又力之反本亦作釐二傳作郁釐二十五年叔倪音詣又五兮反

左氏作詣樂世心世如字又以制反左氏作大心黃父音甫鸛音權左氏作鸜音鴝鵒

音欲下孫音遜下文同去辰起呂反爲下于僞反下而爲同揚州左氏

作陽州唁公音彥將殺音試下及注同兩觀工亂反注同干楯食尹反又

音尹玉戚千寂反以玉飾斧大夏戶雅反注同株離音誅曰禁音金又居

鴆反八佾音逸且夫音扶下有夫并注同維婁力主反委己于僞反注同己

音紀委食音嗣下同執紼音弗曰絻音問喪息浪反下同亡也嗛自

音謙本亦作謙再拜顙息黨反拜而稽顙也大難乃旦反下同鈇音甫又方于反

鑕之實反要斬一遙反執簞音丹葦器食音嗣注同葦器于鬼反

曰笥思嗣反糗也丘九反又昌紹反四脡他頂反又大頂反曰朐其俱反餕

音俊于從才用反注及下皆同糒音備以衽而甚反又而鴆反掩裳際也求索

所白反大甲音泰下大學同不腆他典反厚也所著丁略反裨冕

婢支反黻衣音弗欲令力呈反故穪尺證反噭然古弔反一音古狄反

爲菑側其反又側吏反埒垣力悅反下音袁分別彼列反辟雍音壁

以辟巾亡歷反車覆笭也一音呼闐反覆笭力丁反以鞌音安爲公

于僞反注同二十六年不復扶又反下同惡公烏路反鄟

陵音專本亦作專爲天于僞反渠率所類反或作帥

二十七年爲季于僞反下同于見賢徧反郤宛去逆反下紆阮反

祁犂力兮反又力私反郲婁快本又作噲苦夬反

二十八年爲下于僞反伯寗乃定反下同左氏并下滕子名並作寧

二十九年

三十年去疾起呂反頃公音傾見義賢編反
三十一年荀櫟本又作躒又作濼亦滴濼也皆同力狄反一音與灼反適歷
丁歷反一音狄負箠章蘗反本又作捶創惡烏路反亟取去巽反盈
孫音遜黑弓二傳作黑肱以濫力甘反又力暫反武公與音餘下及注皆
同湊公七豆反周愬音素本亦作訴為之于偽反下為我為之則為並同
嫗盈紆具反一音紆羽反為行下孟反下殺顏者之行同盱許于反又許孤反本或作胯一
音夸夏父戶雅反盱及夏父邾顏公之二子而食音嗣長必丁丈反先見
賢編反下欲見見王者同曰嘻許其反也夫音扶父兄之行戶郎反
惡有音烏注同有數所主反傳復扶又反
三十二年取闞口暫反諱亟去異反注同權量音亮

定公第十一何以定公為昭公子與左氏異
何休學
元年喪失國息浪反仲幾本或作機不衰素戈反一或作蓑一或音
初危反草衣于既反為天于偽反下善為同見伯賢編反復發
扶又反下皆同此難乃旦反未解音蟹復別彼列反小斂力驗反下
皆同北墉音容本又作牖中霤力又反飯扶晚反含於戶暗反阼
階才故反立煬餘亮反霣霜于敏反
二年兩觀工喚反下及注皆同不復扶又反下同先去起呂反下同以
見賢編反三年于枝二傳作拔易辭以豉反
四年國夏戶雅反邵陵上照反本或作召音同數年所主反下數年

皆同雜然七合反又如字惡蔡烏路反年末同吝一力刃反公孫歸姓
二傳無歸字姓音生又音性爲不于僞反下爲季爲下爲治爲蔡同浩油户老反又
古老反下音由一音羊又反二傳作阜䮰數如所主反楚復扶又反下而復復討同翕
然許及反伯戊音茂又音恤二傳作戍劉卷音權孔圄魚呂反左氏作圉
鮮虞本或作吳音虞舉采七代反下采地同伯莒左氏作伯舉挾弓
音協又子協反雕弓丁遼反彤弓大冬反嬰弓於耕反見司馬法盧弓
力呉反禮見賢徧反下不見同將爲于僞反下不爲也不爲匹爲是注爲子胥同囊
瓦乃郎反南郢以井反又以政反瓦將子匠反激發古狄反非
當丁浪反墮平許規反除夫起呂反便辟婢亦反辯佞
如字本又作便佞相迿音峻又音巡又玄徧反先也擊刺七亦反進行下孟反

五年時爲于僞反以見賢徧反士卒子忽反罷弊音皮
弊亦作敝音同起弒音試六年爲其于僞反令難力呈
反而易以豉反以長丁丈反大平音泰欲見賢徧反治定
直吏反所復扶又反七年于鹹音咸費重芳味反下同
重之直用反
八年不別彼列反曹竫才井反本亦作靖曲濮音卜惡乎音烏
迭而大結反注同食之音嗣下注佚食同賊而五多反下同鋟其本又作鑯
七廉反又且審反以爪刻鐕鍼极也本或作鋟誤滿圉本又作蒲同布古反又音布其乘繩證
反下皆同有女音汝從弟才用反下同數十所主反而隊直類反
馬捶章蘂反駷馬本又作揀字書無此字相承用之素動反而射食亦反

天著直略反注同　莊門本或作驟亦音莊　言幾音祈　中季丁仲反

殺不下音同試　反又去略反本亦作說　說然本又作然注同讒反

瞻解如會　然也然　稱也　切反　遙其處反　連驪土會又作　懼

然反其斬　章音　判章苦　宗　又反亦宗　請黃音　肱肱　又王者士欲反本亦作　言

土毛音　質　柎　方遙反　于甫反　又　青　紘也注同　紘　反又反

同　甲　賴反而占　寘寘　反主匪　年　于甚　注音　其　息反　緣反　說

九年　伯　囂反口又作　嚻　之　漁　反息　卻　反　難　其　又卻亦作　一

十年　不易　下以反　同　以鼓反　頰谷　古治反　又作　夾　谷　音丁　寶

又　異處　昌慮　又于　一　是反　得　反扶　又　圍　耶　又

治音　公于池　作丘　反　干　寧　安作　直反作　既　宣宋　反其器　十　十一年　同　本　中　作

公羊音義　八

反大叛　石圃　音反　古　惡　仲　反烏路　強　與　反其丈　亦見　反賢遍

十一年　不復　反扶又　反　叔　還　音旋

十二年　見殺　音試　墮　郈　許規反　下同　費　反　更數　下同　所角反　宋

反古　吉射　食亦反　又　其　諸　音　不　厭　於艷反　盡　去甲　反起呂　而　請

十三年　垂瑕　二傳作垂葭　又如字　朝歌　大　夏　又亦作　萬反本　比蒲

晤音　猿犬　于口反　鄴　國　許反　十四年　晉　趙　陽

衛公　反微　遄作　公子　入　于河反　二傳　于　鮮　作士　于良作　詳反二　不　到

酉辛　李　作本亦作　潘　于　堅　反　音如字又本作　蒯　聵　反苦怪　反五怪

于洮　反他刀　歸脤　反市軫　曰潘　本作潘　音　一本作　頃

五怪反譏亟去冀反閒隙音閑下去逆反莒父音甫去冬起呂反
攝相息亮反粥蒸羊六反以間閒廁之閒近害附近之近
十五年鼷鼠音兮浸也亡半反猶徧也徧食音遍復舉
扶又反下同軒達左氏作罕達籧篨其居反下直居反歸含户暗反且
賵芳鳳反不爲于僞反厭死於甲反下昃音側晡時布吴
反城漆音七

哀公第十二

何氏學

元年復見扶又反下賢徧反恩殺所戒反
二年漷東火虢反徐音郭及沂魚依反句繹古侯反下音亦不

大四百廿八 小二百六十六 公羊音 三十九 黄珍

與音預可爲于僞反不去起呂反見挈賢徧反下去結反于
栗一本作鐵二傳作鐵惡失烏路反三年上爲于僞反下爲輒爲衛
不爲同不中丁仲反復立扶又反下及注同見者賢徧反下同兩觀
工喚反開陽左氏作啓陽開者爲漢景帝諱也樂髡苦昆反惡大烏路反
治直吏反大平音泰
四年盜殺音試下同近罪附近之近戎曼音蠻畀宋必利
反下同西郭芳夫反蒲社左氏作亳社揜之意冉反背天音佩俠
音頃轂古洽反下古木反十三年同驂乘繩證反十三年同天去起呂反滕頃
五年城比本又作芘亦作庇同音毗左氏作毗閏數所主反下及注
月數閏數同六年邾婁葭音加又音遐左氏作邾瑕魯數所角

反 未曾才能反 狄之行下孟反 于柤莊加反 君舍左傳
作荼音舒 爲諼況元反 千乘繩證反 析玉思歷反 爲後于僞反下
乞爲同 矯也居兆反 期而音基下同 難言乃旦反 鎧苦代反 巨
囊乃郎反又音託 中霤力又反 色然如字本又作垝居委反驚駭皃本或作危 闖
然丑鴆反又丑甚反一音丑今反見皃字林云馬出門皃丑衽反 逡巡七旬反
七年 皇瑗于眷反 于鄫似陵反 隗子五罪反 惡魯
烏路反 復入扶又反 八年 侯燬況委反 及僤昌善反一音昌然反
字林作鄲左氏作闡 爲以于僞反 故復扶又反 伯過古禾反 所喪
息浪反 九年 雍丘於用反 易也以豉反下同 陷阱才性反
反 爲征于僞反 十年 薛伯寅二傳作伯夷同音以尼反

十一年 袁頗破多反 艾陵五蓋反 與伐音預下不與伐同
十二年 爲河于僞反下爲同宗同 爲率音律又音類 一乘繩證反
故復扶又反 槖皐章夜反一音託 于運左氏作鄖 螽音終本亦作蟲注同
當見賢徧反 十三年 于嵒五咸反一音魚及反 易也以豉反下
同 鄭復扶又反秋以下注同 報償時亮反 男戍本亦作戌 反背音佩
當見賢徧反年內皆同 惡諸烏路反 魏多左氏作魏曼多 之費芳味
反下同 孛于音佩 彗星因歲反又息遂反 主治直吏反 燔書扶元
反 陳夏户雅反一本作廉 彄夫苦侯反又古侯反一本作彄音同二傳作夏區夫
十四年 西狩手又反 獲麟力人反 薪采音新 主芟所銜
反 艾魚廢反 采樵在焦反 去周起呂反 行夏户雅反下子夏

同爲獲于僞反下爲獲孰爲注爲誰知爲皆同鸛音權鵒音欲振振之人

反大平音泰下大平皆同拊石芳甫反援神音袁麒麟音其有

麏本又作麇亦作麕皆九倫反麞也反袂彌世反衣袖也涕他禮反沾袍步刀

反又步報反衣前襟也襟也音金王於于況反下火王而王之王同從橫子容反

驅除並如字又上丘具反下直據反曰噫於其反咄嗟丁忽反天喪息浪反

予羊汝反我也祝斷丁管反所傳直專反注傳聞同以復扶又反臣

見賢徧反下欲見同少殺所戒反下同子般音班道淺子協反一

本作帀瑞應應對之應撥亂卜末反理也莫近附近之近又如字

演孔以善反其爲于僞反注所爲同是與音餘下及注同

春秋公羊釋文 經五千六百三字 注一万二千三百一十八字

